香港國際詩歌之夜 2013
INTERNATIONAL POETRY NIGHTS IN HONG KONG

I0805473

編輯 Editors

北島 Bei Dao

陳嘉恩 Shelby K. Y. Chan

方梓勳 Gilbert C. F. Fong

柯夏智 Lucas Klein

馬德松 Christopher Mattison

勞爾・朱利塔
Raúl Zurita

目錄 Contents

El Mar

1

Sorprendentes carnadas llueven del cielo. Sorprendentes carnadas sobre el mar. Abajo el océano, arriba las inusitadas nubes de un día claro. Sorprendentes carnadas llueven sobre el mar. Hubo un amor que llueve, hubo un día claro que llueve ahora sobre el mar.

Son sombras, carnadas para peces. Llueve un día claro, un amor que no alcanzó a decirse. El amor, ah sí el amor, llueven desde cielo asombrosas carnadas sobre la sombra de los peces en el mar.

Caen días claros. Extrañas carnadas pegadas de días claros, de amores que no alcanzaron a decirles.

El mar, se dice del mar. Se dice de carnadas que llueven y de días claros pegados a ellas, se dice de amores inconclusos, de días claros e inconclusos que llueven para los peces en el mar.

2

Se oyen días enteros hundiéndose, se oyen extrañas mañanas soleadas, amores inconclusos, despedidas truncas que se hunden en el mar. Se oyen sorprendentes carnadas que llueven pegadas de días de sol, de amores truncos, de despedidas que ya no. Se dice de carnadas que llueven para los peces en el mar.

El mar azul y brillante. Se oyen cardúmenes de peces devorando carnadas pegadas de palabras que no, de noticias y días que no, de amores que ya no.

Se dice de cardúmenes de peces que saltan, de torbellinos de peces que saltan.

Se oye el cielo. Se dice que llueven asombrosas carnadas adheridas de pedazos de cielo sobre el mar.

3

Oí un cielo y un mar alucinantes, oí soles estallados
de amor cayendo como frutos, oí torbellinos de peces
devorando las carnes rosa de sorprendentes carnadas.

Oí millones de peces que son tumbas con pedazos
de cielo adentro, con cientos de palabras que no
alcanzaron a decirse, con cientos de flores de carne roja
y pedazos de cielo en los ojos. Oí cientos de amores que
quedaron fijos en un día soleado. Llovieron carnadas
desde el cielo.

Viviana llora. Viviana oyó torbellinos de peces elevarse
por el aire dispuntándose los bocados de una despedida
trunca, de un rezo no oído, de un amor no dicho.
Viviana está en la playa. Viviana es hoy Chile.

El pez largo de Chile que se eleva por los aires
devorando las carnadas de sol de sus difuntos.

4

Impresionantes llanuras llueven para los peces: días que ya nunca serán, ojos pegados a un último cielo, amores que no fueron dichos. Se dice de impresionantes llanuras hechas de brazos que no lograron abrazarse, de manos que no se alcanzaron a tocar. Se dice de raros frutos que los peces devoran, que las tumbas plateadas de los peces devoran. Oí impresionantes llanuras lloviendo sobre el mar.

Impresionantes cielos, días, sueños hundiéndose en los torbellinos plateados de olas, oí las bocas plateadas de los peces devorando despedidas truncas. Oí inmensas llanuras de amor diciendo que ya no. Ángeles, partituras de amor diciendo que ya no.

Universos, cosmos, inacabados vientos lloviendo en miles de carnadas rosas sobre el mar carnívoro de Chile. Oí llanuras de amor nunca dichas, cielos infinitos de amor hundiéndose en las carnívoras tumbas de los peces.

5

Está el mar, se dice, están las tumbas carnívoras de los peces. Están las carnes color de almendras y el mar. El mar llora. Viviana llora.

Hay cielos infinitos de almendros, de estrellas como los frutos dicen y caen. Sorprendentes carnadas llueven del cielo como las estrellas, como frutos que caen sobre el pasto. Hay universos sin fin en el estómago de los peces, estrellas, campos de almendros. Viviana oye inmensos campos de almendros rojos de sangre cayendo sobre el mar. Infinitos días claros lloviendo sobre las espumas rojas del mar.

Llueven hombres que caen en poses extrañas como raros frutos de una rara cosecha.

Viviana oye llover sorprendentes carnadas de hombres, asombrosas frutas humanas cosechadas de extraños campos. Viviana es ahora Chile. Oye frutas humanas llover como dorados soles reventándose en las aguas.

6

Asombrosas cosechas llovieron desde el cielo. Increíbles frutos maduros sobre los campos labrados del mar. Viviana escucha caer siluetas mudas, minutos que no terminaron, cruces santas que llueven como nubes sobre las olas del Pacífico. Escucha torsos, extrañas neblinas viniéndose sobre las olas, extrañas nubes de carnes blandas que se posan sobre el cielo despejado del océano.

Llueven carnadas con ángeles sin boca, con partituras que no pudieron oírse, con sombras sin sonido que se besan. Llueven, se derrumban asombrosas cosechas de asombrosos árboles que caen quemándose sobre las olas.

Campos labrados, tierras santas llueven desde el cielo con espaldas rotas, con pedazos de cuellos que ya no estaban, con inesperadas nubes para siempre de primavera. Fueron arrojados. Llueven. Asombrosas cosechas de hombres caen para alimento de los peces en el mar. Viviana oye llover tierras santas, oye a su hijo caer como una nube sobre la cruz despejada del Pacífico.

7

Cruces hechas de peces para los Cristo. El arco del cielo de Chile cae sobre las tumbas ensangrentadas de Cristo para los peces. He allí tu madre. He allí tu hijo. Sombras caen sobre el mar. Extrañas carnadas de hombres caen sobre las cruces de peces en el mar. Viviana quiere acurrucar peces, quiere oír ese día claro, ese amor trunco, ese cielo fijo. Viviana es ahora Chile. Acurruca peces bajo el hosanna del cielo.

Caen sorprendentes Cristo en poses extrañas sobre las cruces del mar. Sorprendentes carnadas llueven del cielo: llueve un último rezo, una última pasión, un último día bajo los hosannas del cielo. Infinitos cielos caen en raras poses sobre el mar.

Infinitos cielos caen, infinitos cielos de piernas rotas,

de brazos contra el cuello, de cabezas torcidas contra las espaldas. Lloran para abajo cielos cayendo en poses rotas, en nubes de espaldas y cielos rotos. Caen, cantan.

He allí tu madre. He allí tu hijo.

8

He allí tu hijo. Viviana oye arcos de cejas increíblemente alzadas, oye ojos abiertos sin fin cayendo desde las cejas del cielo. Oye los clavos hundiéndose en la cruz del océano. Todo el mar de Chile es la cruz. Infinitas llanuras desde el cielo cantan el hosanna de la cruz del mar, de los alimentos que caen como llanuras, como panes en el estómago santo de los peces. Viviana oye infinitos cardúmenes santos subiendo, infinitos peces cantando con la voz tomada del cielo.

Ascienden los peces al cielo. Sorprendentes carnadas llovieron con sorprendentes días, con imágenes de almendros, con amores truncos. Sorprendentes carnadas llovieron sobre el mar santo, sobre los peces santos.

Santo es el mar, santas las llanuras de frutos humanos que caen, santos los peces. Oí infinitos días cayendo, cuerpos que caían con cielos, con campos entrevistos, con árboles como cruces coreando en las cantadas aguas.

Viviana acurruca el mar santo. Viviana dice que en esas aguas santas está su hijo.

9

Llovieron cielos santos. Llovieron infinidades de aguas como hijos del cielo santo sí, como panes, como carnadas santas bajo el océano en cruz de Chile. Lloraron, llovieron hijos de amores que ya nunca, de praderas sin fin que caían en llamas, de zarzas que arden sin consumirse. Viviana oye cielos enteros caer como almendros en flor, como rosadas mejillas en flor sobre el mar salvo de Chile.

La zarza del mar de Chile arde, arde sin consumirse.

Arden las llanuras santas del cielo cayendo. Carnadas de hombres caen sobre la zarza llameante del océano. Los peces suben cantando con la voz tomada del cielo, cardúmenes, infinidades de peces ascienden desde las aguas santas.

Extraños soles cantan lloviendo desde el cielo, extraños frutos sobre el océano santo.

Peces en llamas saltan, asombrosas carnadas arden en el mar. Llovieron cielos santos. Zarzas de Chile, he allí vuestros hijos. Zarzas de Chile, he allí el mar ardiendo.

10

He allí el mar quemándose. Viviana oye cielos ardiendo entre las llamas del mar, zarzas que no se consumen, hijos de impresionantes zarzas que arden sin quemarse entre las llameantes olas. Extraños días arden cayendo sobre el mar, asombrosas carnadas santas que caen y cantan sobre los pastizales ardidos del mar. Viviana es hoy Chile. Oye emerger cantos de entre las llamas de las aguas, escucha el cielo santo ardiendo de amor sobre las incendiadas rompientes. Escucha el INRI de su amor santo subir ardiendo sobre las praderas incendiadas del Pacífico.

Escucha el INRI de los cielos ardiendo. Océanos y mares de Chile escuchen el INRI de los cielos ardiendo.

Sorprendentes carnadas rosa sangre llovieron desde extrañas nubes sobre el mar, sorprendentes mares color de incienso suben ahora cantando con la carnada de los peces en el cielo.

Escucha el cántico de los peces ascendiendo al cielo. Arde, el océano santo de Chile arde. Llamas como el incienso tiñen de rosa y sangre las quemadas praderas del Pacífico.

Mares

Fueron arrojados. Como prendidos de extrañas semillas, campos arados cubren el mar.

大海

一

驚人的誘餌從天降。驚人的誘餌
落向海。蟄伏之海，升抵罕見之雲
朗朗一日。驚人的誘餌
落向海。曾落下一次愛情
曾落下清澈一日在此刻之海。

是陰影，魚餌。朗朗一日落下，
一段愛來不及道說。愛，是愛
駭人的誘餌從天落向海
魚群之陰影上。

澈日落下。奇異的誘餌澈日緊隨
來不及道說的愛。

海，人們說到海。說到落下之誘餌和
緊隨之澈日，說到半途的愛，
清澈和無盡的日子為海裏的魚落下。

二

能聽見整日之墜落，聽見奇異的

晴朗之晨，未完成之愛，半節告別
落入海裏。聽見令人驚訝的
誘餌緊繫著豔陽天落下、半途的愛
不再有的告別。人們説到誘餌
落下，為海裏的魚。

湛藍而明亮的海。能聽見魚群
吞噬誘餌，緊繫著不再現的語言
不再續的消息與歲月，不再的愛情。

人們説到歡跳的魚群，那歡跳的
魚旋風。

能聽見天空。人們説到那駭人的
誘餌，與天空相連落在海上。

三

我聽見譎異的天空和海，聽見太陽爆裂
愛如果實落下，聽見魚群的旋風
吞噬鮮紅的肉，那令人驚訝的誘餌。

我聽見百萬的魚墳，葬下天空，
千百句未及述說的話，
千百朵玫瑰肉英和眼睛裏的
天空。聽見千百段愛情夭折在
豔陽天。誘餌從天降落。

薇薇安娜在哭。薇薇安娜聽見魚旋風
升起，空中爭食半節的告別
一段祈禱無聲，一段愛未告白。薇薇安娜
在海邊。薇薇安娜是今日智利。

這智利大魚風中升起
吞噬其死者的太陽誘餌。

四

巨大平原為魚而墜：從此不來的
日子，眼睛緊繫一個終極天空，
未表白之愛。人們說巨大平原是
不能擁抱的胳膊，不能觸摸的手。
人們說罕見之果被魚吞噬，
被銀光墳墓之魚吞噬。我聽見

巨大的平原落在海上。

驚人的天空、日子、夢陷落
波浪的銀光旋渦裏，我聽見魚銀色之口
吞噬半節的告別。我聽見愛的巨大平原
說不再。天使，愛的樂譜說
不再。

世界，宇宙，未吹盡的風裏挾數千
玫瑰誘餌，落向智利那食肉之海。我聽見愛的
平原從未說出，愛的無盡天空落入
魚造的肉食之墳裏。

五

這海，人們說，魚造的肉食之墳。
這杏色的肉與大海。海在哭。
薇薇安娜在哭。

無盡的天空，有著杏樹、果實般述說
及落下的繁星。驚人的誘餌從天降
如繁星，如果實落在牧草上。有

無盡宇宙入魚腹，繁星，杏園。
薇薇安娜聽見血色的巨大杏園
落在海上。無盡的澈日
落向大海之赤沫。

奇狀之人落下，像一次罕見收成裏
罕見之果。

薇薇安娜聽見令人驚訝的人餌落下
驚人的人果收割於奇異的牧場。
薇薇安娜是今日智利。她聽見人果落下
像金色太陽迸裂水中。

六

驚人的收割從天降。不可思議的
熟果落向海的田野。薇薇安娜聽見
無聲陰影落下，沒走完的分鐘，聖十字
像雲落向太平洋之波浪。聽見軀體，
譎霧逼向波浪，柔軟肉身的
詭雲緊繫著大海之
長空。

誘餌與無口天使落下，無聲的
樂譜，沉默的陰影吻別。驚人的收割
落下，驚奇的樹燃燒著落入
水波。

田野、聖土從天降
和斷背、流離失所的脖子，
無盡春天那突然的雲。它們
被拋擲。落下。驚人的收成落入
海中魚腹。薇薇安娜聽見聖土
落下、她的兒子如行雲
落向太平洋空蕩蕩的十字。

七

魚造的十字基督。智利天空之弧
落入基督那嗜血的墳，為魚。
那有你的母親。有你的兒子。陰影落向
大海。奇怪的人餌落向海裏
魚群的十字。薇薇安娜想去抱魚，願聽
這澈日，夭折之愛，固定的天空。薇薇安娜是
今日智利。讚美主的天空下，將魚輕抱。

驚人的基督落向海的十字，以奇異
之姿。驚人的誘餌從天降：讚美主的
天空下，落下最後的禱告，最後的激情
最後一日，無盡天空以異狀
落向大海。

無盡天空落下，斷腿、頸臂
相交、頭扭向背部的無盡天空。
哭泣的天空落下，以殘破之姿，
破碎天空與脊背之雲團。頌歌落下。

那有你的母親。有你的兒子。

八

那有你的兒子。薇薇安娜聽見眉之弧
驚人地揚升，聽見天空之眉落下不合之眼。
聽見鐵釘落入大洋的十字。智利的海是
十字。無盡的平原在天上唱那讚歌
屬於十字之海，像平原般落下
食物、麵包在神聖的魚腹內。
薇薇安娜聽見魚群升起，神聖而無盡。

聽見無盡的魚用天空之聲歌唱。

魚向天空升去。驚人的誘餌落下
和驚人的日子，杏樹的形象、半途的
愛。驚人的誘餌落向神聖的
海，神聖的魚。

海是神聖的，落下的人果之原是神聖的，
魚是神聖的。聽見無盡的日子落下
身體落下，隨著天空、隱約的田野
和樹。如十字架的樹載歌的水中
合唱。

薇薇安娜擁抱聖海。薇薇安娜說聖水中
有她的兒子。

九

聖空落下。水的無盡如
聖空之兒，是，如麵包、智利十字之海
低伏的聖餌。哭泣，男兒落下，屬於不再之愛
屬於火光中墜落的無盡草原，和燃而未盡的

荊棘。薇薇安娜聽見整個天空墜落，如杏樹
開花，如粉頰盛開於智利
救贖的海。

荊棘，智利的海在燃燒，燃而未盡。

從天空墜落的神聖平原，在燃燒。人餌
落向海的火荊棘。魚以天空之聲，
讚歌中升起。群集的、無盡的魚升起，
自聖水。

譎異的、載歌的太陽從天降，譎異的果實
落向聖海。

燃燒之魚躍出，駭人的誘餌海中燃燒。
聖空落下。智利的荊棘，那有你們的兒子。
智利的荊棘，那是燃燒的海。

十

那是燃燒的海。薇薇安娜聽見燃燒的天空
在海的火苗中，未燃盡的荊棘，
令人驚訝的荊棘之子在波濤烈焰中，
燃而未盡。奇異的日子燃燒著落向大海
駭人的神聖誘餌載歌中落向

大海的熾火草原。薇薇安娜是今日
智利。水的火光中聽見讚歌浮現
熾烈的碎浪上，聽見神聖天空為愛燃燒。
聽見她神聖之愛，「拿撒勒的耶穌，猶太的王」
燃燒著升起，在太平洋熾火的
草地上。

聽見「拿撒勒的耶穌，猶太的王」，自燃燒的
天空。智利的大洋與海聽見「拿撒勒的耶穌，猶太
　　的王」，自燃燒的天空。

赤血的驚人誘餌從譎異的雲落向
大海，煙熏的驚人大海升起，天空中
和魚餌同歌。

聽見讚歌，來自升空的魚。在燃燒，
智利的聖海在燃燒。火焰如染
血與玫瑰的煙，太平洋那熾火草地。

無數的海
被拋下。如奇異之籽密集
生根，被開墾的田野覆蓋那大海。

（梁小曼譯）

The Sea

1

Strange baits rain from the sky. Surprising bait falls upon the sea. Down below the ocean, up above unusual clouds on a clear day. Surprising baits rain on the sea. There was a love raining, there was a clear day that's raining now on the sea.

They are shadows, bait for fishes. A clear day is raining, a love that was never said. Love, ah yes, love, amazing baits are raining from the sky on the shadow of fishes in the sea.

Clear days fall. Some strange baits with clear days stuck to them, with loves that were never said.

The sea, it says the sea. It says baits that rain and clear days stuck to them, it says unfinished loves, clear and unfinished days that rain for the fish in the sea.

2

You can hear whole days sinking, strange sunny

mornings, unfinished loves, goodbyes cut short that sink into the sea. You can hear surprising baits that rain with sunny days stuck to them, loves cut short, goodbyes that not any more. Baits are told of, that rain for the fish in the sea.

The blue brilliant sea. You can hear shoals of fish devouring baits stuck with words that not, days and news that not, loves that not any more.

It is told of shoals of fish that leap, of whole whirlwinds of fish that leap.

You can hear the sky. It is told that amazing baits rain down with pieces of sky stuck to them upon the sea.

3

I heard a sea and a sky hallucinated, I heard suns exploding with love fall like fruits, I heard whirlwinds of fish devouring the pink flesh of surprising baits.

I heard millions of fish which are tombs with pieces of sky inside, with hundreds of words that were never said, with hundreds of flowers of red flesh and pieces of sky in the eyes. I heard hundreds of loves that were stopped on a sunny day. Baits rained from the sky.

Viviana cries. Viviana heard whirlwinds of fishes rise up in the air fighting for mouthfuls of a goodbye cut short, of a prayer not heard, of a love not said. Viviana is on the beach. Viviana today is Chile.

The long fish that is Chile rises up through the air devouring the sun baits of its dead.

4

Tremendous plains rain down for the fishes: days that will now never be, eyes stuck to a final sky, loves that were not said. It says tremendous plains made of arms that couldn't embrace, of hands that didn't touch. It says strange fruits that the fish devour, that the silver tombs which are the fish devour. I heard extraordinary plains raining on the sea.

Extraordinary skies, days, dreams sinking into the silver whirlpools of waves, I heard the silver mouths of fish devouring unfinished goodbyes. I heard immense plains of love saying that no more. Angels, musical scores of love saying no more.

Universes, cosmoses, unfinished winds raining down in thousands of pink baits onto the carnivorous sea of Chile. I heard plains of love never said, infinite skies of love sinking into the carnivorous tombs of the fish.

5

Here is the sea, it says, the carnivorous tombs of the fish. Here is the almond-colored flesh and the sea. The sea weeps. Viviana weeps.

There are infinite skies of almond trees, of stars, like fruits they say and fall. Surprising baits fall from the sky like the stars, like fruits that fall on the grass. There are endless universes in the fishes' stomachs, stars, almond orchards. Viviana hears immense orchards of blood-red almond trees falling onto the sea. Infinite clear days raining on the red foam of the sea.

People rain down and fall in strange positions like rare fruit of a strange harvest.

Viviana hears surprising human baits raining down, amazing human fruit harvested in strange fields. Viviana is now Chile. She hears human fruit raining down like golden suns exploding on the waters.

6

Amazing harvests rained out of the sky. Incredible ripe fruit onto the ploughed fields of the sea. Viviana hears mute silhouettes fall, minutes that did not finish, sacred crosses that rain like clouds onto the waves of the Pacific. She hears torsos, strange mists coming off the waves, strange clouds of soft flesh against the empty sky of the ocean.

Baits rain down with mouthless angels, with scores that could not be heard, with soundless shadows that kiss. Amazing harvests rain down, fall down, extraordinary trees that fall burning into the waves.

Ploughed fields, sacred lands rain from the sky with broken backs, pieces of necks that weren't there any more, unexpected clouds of unending spring. They were thrown. They rain down. Amazing harvests of men come down as food for the fish in the sea. Viviana hears sacred lands rain down, hears her son fall like a cloud onto the unclouded cross of the Pacific.

7

Crosses made of fish for the Christs. The arch of the Chilean sky falls on the bloody tombs of Christ for the fishes. That's your mother, there. That's your son. Shadows fall on the sea. Strange human baits fall on the crosses of fish in the sea. Viviana wants to cradle fishes in her arms, wants to hear that clear day, that love cut short, that fixed sky. Viviana is now Chile. She cradles fish under the sky that shouts hosanna.

Surprising Christs fall in strange positions onto the crosses of the sea. Surprising baits rain from the sky: a last prayer rains, a last passion, a last day under the sky's hosannas. Infinite skies fall in strange positions onto the sea.

Infinite skies fall, infinite skies of broken legs, of arms bent against the neck, of heads wrenched against backs. Skies weep downwards falling in broken poses, in clouds of broken backs and broken skies. They fall, they sing.

That's your mother, there. That's your son.

8

That's your son. Viviana hears the arches of eyebrows incredibly raised, hears eyes endlessly open falling from the sky's eyebrows. Hears the nails sinking into the cross of the ocean. The whole Chilean sea is the cross. Infinite plains sing from the sky the hosanna of the cross which is the sea, of the food which falls like plains, like pieces of bread into the sacred stomach of the fish. Viviana hears infinite sacred shoals emerging, infinite fish singing with a voice taken from the sky.

The fish go up into the sky. Surprising baits rained down with surprising days, with images of almond trees, with loves cut short. Surprising baits rained on the sacred sea, on the sacred fish.

The sea is holy, holy the wide plains of human fruits that fall, the fish holy. I heard infinite days falling, bodies that fell with skies, with fields glimpsed between them, with trees like a chorus of crosses that sang out in song-sung waters.

Viviana cradles the holy sea. Viviana says somewhere in these sacred waters is her son.

9

Holy skies rained down. Infinities of water like sons of the holy sky, yes, like pieces of bread, like holy baits beneath the ocean cross of Chile. They wept, rained down sons of loves that never more, of endless meadows that fell in flames, of bushes that burn and do not burn up. Viviana hears whole skies fall like almond trees in flower, like pink cheeks in flower on the redeemed sea of Chile.

The bush that is the Chilean sea burns and does not burn up.

The holy plains of the sky burn falling. Human baits fall onto the flaming bush of the ocean. The fish swim up singing with the voice of the sky, shoals, infinities of fish rise up from the sacred waters.

Strange suns sing raining from the sky, strange fruits on the sacred ocean.

Fish in flames leap, amazing baits burn in the sea. Holy skies rained. Bushes of Chile, there are your sons. Bushes of Chile, there is the sea in flames.

10

See there the sea burning. Viviana hears skies burning among the flames of the sea, bushes that don't burn up, sons of amazing bushes that burn without being consumed among the flaming waves. Strange days burn falling on the sea, amazing sacred baits that fall and sing upon the burnt pastures of the sea. Viviana is today Chile. She hears songs emerge from the flames on the water, she hears the sacred sky burning with love upon the burning breakers. She hears the INRI of her love rise burning on the burning meadows of the Pacific.

She hears the INRI of the skies burning. Oceans and seas of Chile hear the INRI of the skies burning.

Surprising rose-blood baits rained from strange clouds over the sea, surprising incense-colored seas rise now singing with the bait of the fish in the sky.

Listen to the song of the fish rising to the sky. Burning, the sacred ocean of Chile burning. Flames like incense tinge with blood and rose the burnt meadows of the Pacific.

Seas

Were thrown. Heavy with strange seed, ploughed fields cover the sea.

(Translated by William Rowe)

勞爾・朱利塔於1950年生於智利首都聖地牙哥。他原本修讀工程學，後來才走上詩歌創作之路。1973年奧古斯多・皮諾切特於智利發動軍事政變，許多國人曾遭逮捕及虐待；朱利塔也難倖免，他受到激發，寫下早期的詩作，並在獲釋後協助組成激進的社會行動藝術團體 CADA，後來詩人亦憑其激烈並具挑釁性的公開表演而成名。他曾以推土機和噴氣式飛機表演，演示出或許是史上最大型的詩作。80年代初，朱利塔曾於紐約上空以藍天為紙，白煙為墨，書寫出其詩作〈新生活〉中的部分段落。其後於皮諾切特掌政期間，朱利塔曾於阿塔卡馬沙漠用推土機推出 *Ni Pena Ni Miedo*（「無痛無懼」）的字樣，字樣之大更須於空中俯瞰才能清晰可見。

朱利塔榮獲多個獎項，包括古根海姆獎學金及智利全國詩歌獎。詩集作品包括《煉獄》(1979)、《在天堂》(1982)、《天堂空蕩盪》、《歌頌消失的愛》、《對智利的愛》、《新生活》及《悼念》。近日詩人亦推出三本詩作，分別由 Marick Press、Action Books 及加州大學出版社出版，包括由羅威廉所譯的《耶穌，拿撒勒人，猶太人的君王》、由丹尼・波西奇所譯的《歌頌消失的愛》，及由安娜・丹妮譯的《煉獄》。朱利塔現居於智利聖地牙哥，為聖地亞哥波塔利斯大學的文學教授。

（吳詠雯、謝小婷譯）

Raúl Zurita was born in Santiago, Chile in 1950. He started out studying engineering before turning to poetry. His early work is a ferocious response to Augusto Pinochet's 1973 military coup. Like many other Chileans, Zurita was arrested and tortured. When he was released, he helped to form a radical artistic group CADA, and he became renowned for his provocative and intensely physical public performances. He has written what are perhaps the most massively scaled poems ever created. He has done this with earth-moving equipment and smoke-trailing aircraft. In the early 1980s, Zurita famously sky-wrote passages from his poem, "The New Life," over New York and later—still during the reign of Pinochet—bulldozed the phrase "Ni Pena Ni Miedo" ("Without Pain Or Fear") into the Atacama Desert which, for its length, can only be seen from the sky.

Zurita is the recipient of numerous awards, including a Guggenheim Fellowship and the National Poetry Prize of Chile. Three new books—*INRI*, translated by William Rowe; *Song for His Disappeared Love*, translated by Daniel Borzutzky; and *Purgatory*, translated by Anna Deeny—have recently been published by, respectively, Marick Press, Action Books, and the University of California Press. His books of poems include, among others, *Purgatorio* (1979), *Anteparaíso* (1982), *El paraíso está vacío*, *Canto a Su Amor*, *Desaparecido*, *El Amor de Chile*, *La Vida Nueva*, and *In Memoriam*. He lives in Santiago, Chile, where he is Professor of Literature at the Universidad Diego Portales.

出版 Publisher
香港中文大學出版社 The Chinese University Press

封面影像 Cover Image
北島 Bei Dao

出版日期 Date of Publication
二零一三年十一月 November 2013

國際書號 ISBN
978-962-996-624-9

本書版權為香港中文大學所有，個別詩篇及翻譯的版權則屬個別作者及譯者所有。除獲本大學書面允許外，不得在任何地區，以任何方式，任何文字翻印、仿製或轉載本書文字或圖像。
This collection and editorial matters © The Chinese University of Hong Kong, 2013
Individual poems and translations © Individual contributors
All rights reserved. No part of this book may be reproduced or transmitted by any means without written permission from The Chinese University of Hong Kong.

香港國際詩歌之夜 2013 International Poetry Nights in Hong Kong 2013
主辦單位 Organizers
香港中文大學文學院 Faculty of Arts, The Chinese University of Hong Kong
香港浸會大學文學院 Faculty of Arts, Hong Kong Baptist University
香港科技大學人文社會科學學院 School of Humanities and Social Science, The Hong Kong University of Science and Technology

合作夥伴 In Partnership With
英國文化協會 British Council

協辦單位 Co-organizers
時刻文化 Moment Communications
香港中文大學出版社 The Chinese University Press

贊助 Sponsors
香港兆基創意書院 HKICC Lee Shau Kee School of Creativity
中國會 The China Club
周凱旋基金會 Chau Hoi Shuen Foundation

Printed in Hong Kong